ÉMAILLEURS LIMOUSINS

ÉMAILLEURS LIMOUSINS

LES PÉNICAUD

PAR M. MAURICE ARDANT

ARCHIVISTE DE LA HAUTE-VIENNE

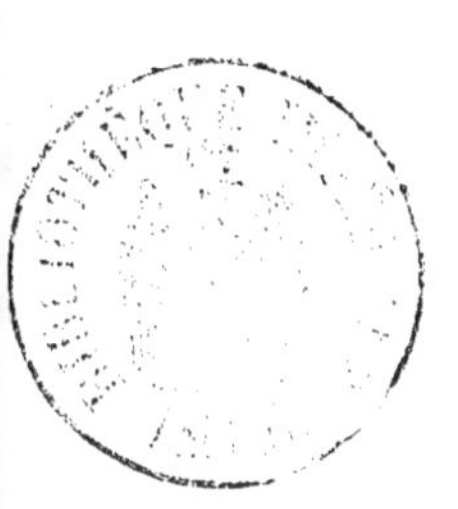

LIMOGES

CHAPOULAUD FRÈRES, IMPRIMEURS DE LA SOCIÉTÉ

1858

ÉMAILLEURS LIMOUSINS.

LES PÉNICAUD.

I. — LÉONARD PÉNICAUD *dit* NARDON *ou* NARDOU.

Nous abordons, en esquissant la biographie des membres de cette glorieuse famille d'artistes, l'époque la plus brillante de l'*émaillerie* à Limoges. Léonard dit *Nardou* est le chef connu des Pénicaud : *Penicaudius*, *Pénicault*, *Péniqot*, comme ce nom s'écrivit dans les actes, peut-être même *Pénicaille*, *Pénicalha*, tous ces noms se retrouvent souvent sur les vieux titres. Cette famille, vers la fin du xve siècle et pendant le xvie et les suivants, comptait des membres dans les professions les plus honorables, notaires, chanoines, etc. Un Jacques Pénicaud était consul à St-Junien l'an 1542, et *Nardon* le fut à Limoges.

Le premier acte concernant Léonard *Pénicaud*, dit *Nardou* en patois et *Nardon* en français, que j'ai retrouvé aux archives, est en date du 23 juillet 1495 : c'est une reconnaissance, devant le notaire François Béchameil, de 12 sous 6 deniers de rente annuelle à la *Confrérie des pauvres à vêtir* sur les deux vignes que cet orfèvre (*aurifaber*) possédait au Treuil-Guyernaud, *alias* le clos Ste-Croix. Nardon Pénicaud, contractant en 1495, devait avoir au moins vingt et un ans, puisqu'il fallait être majeur pour contracter, ce qui porterait sa naissance vers l'an 1474 : il aurait donc eu trente ans environ lorsqu'il peignit l'émail de 1503, dont la description viendra plus tard, et il peut bien, d'après ce calcul, avoir été le maître de Léonard Limosin, dont il était peut-être le parrain et le parent, puisqu'ils portaient le même nom de baptême.

Nardon Pénicaud fut élu, en 1511, l'un des centeniers ou cent hommes pour l'élection des consuls au premier degré dans le quartier ou la bannière du Clocher, puis, en 1513, consul de Limoges avec son confrère en orfèvrerie Pierre Veyrier : d'où je conclus que sa réputation était alors assez grande pour lui mériter les honneurs municipaux. Signalons, à cette occasion, à quel point d'excellence et d'importance l'art de l'orfèvrerie devait être arrivé à Limoges, puisque ceux qui s'y distinguaient étaient appelés par les suffrages de leurs concitoyens à diriger les affaires de la ville.

Au registre de la *Baylie des pauvres à vêtir*, page 294, on lit que Léonard Pénicaud dit *Nardou* devait et payait *cinq* sous de cens, en 1535, sur sa maison de la rue Frégebise. Cette maison provenait de Guillaume Peyteau : elle était située entre la porte des Arènes et le palais du Breuil (la préfecture actuelle). Une petite liève de 1537 de la confrérie du même nom porte cette mention : « Sur la maison » et escure de Nardon Pénicaud asises soubz les murailhes de la » ville et landeys du canton de Frégebise, v sols de rente par » chascung an. Recepte de 1537, xxv sols ». Ce qui semble établir qu'il paya cette année cinq échéances à la fois de cette rente, ou les arrérages depuis 1533. — Voici la confrontation de cette maison, prise à la page 295 du répertoire du prieuré de St-Gérald et du terrier du notaire Meilhaud : « Maison basse et vergier estant au » derriere, joignants ensemble, qui jadys a esté bastie en pressoir, » assise en la vénelle qu'on va de la porte des Arenes, par dessous » la muraille, à la maison noble du Breuilh, touchant aux maison » et pressoir de MM. Delomenye, à celle et à l'eycure d'un nommé » *Nâs-de-Gourel*, pintier, de Pierre, prètre, et de Pierre Maubaye » freres ». Nardon Pénicaud doit cinq sous de rente annuelle et perpétuelle.

Nardon possédait une autre maison, comme nous l'apprend une reconnaissance, du 3 septembre 1539, déposée aux archives départementales, des frères Chamborest, couteliers, sur leur maison de la rue du Clocher, touchant à celle de Léonard dit Nardon Pénicaud, orfèvre, rue du Clocher, au coin, du côté de celle du Temple. Cette maison était encore, en 1570, sous le nom d'un Léonard Pénicaud qui fut condamné pour arrérages de rentes : c'était sans doute le second fils ou un neveu de Nardon.

Un titre, de la même année 1539, inscrit aux archives sous le n° 4804, mentionne une vigne et une *vimière* (oseraie) appartenant à Nardon Pénicaud, au lieu de Combe-Vinouse, dans un faubourg de Limoges.

Jehan Pénicaud, *esmailleur*, est porté, page 26 de la liève n° 5 de l'*hôpital* général, comme propriétaire de la maison rue Frégebise, en 1584 ; il en payait la rente annuelle de *cinq sols* au prieuré de St-Gérald, ce qui prouverait au besoin qu'il fut le fils et l'héritier de Nardon. Il n'est pas probable que ce chef de la famille Pénicaud ait vécu jusqu'à l'an 1570 : il aurait eu alors quatre-vingt-seize ans environ.

L'émail, postérieur à la renaissance, dont la date est la plus ancienne à mon avis est le Calvaire du musée de Cluny, ou plutôt le tableau émaillé n° 2029 du catalogue, légué par le testament de Mme Labadie née Lefèvre, décédée le 3 janvier 1853 : cet émail, orné de pieuses légendes, d'écussons des donateurs, de leurs armoiries, nous présente l'inscription suivante, qui a paru bien précieuse pour un citoyen de Limoges. Nous la traduisons pour ôter la difficulté des abréviations : « Le prêtre Luc de *Violo* fit faire cet ouvrage pour Saint-Pierre de Rogiano ; il le demande humblement : priez pour lui. Nardon Pénicaud, de Limoges, l'a fait (cet ouvrage) le premier jour d'avril de l'an mil cinq cent trois » (1). Lorsque M. du Sommerard, qui fait si gracieusement les honneurs des musées confiés à ses soins, me montra d'un air de triomphe sa nouvelle conquête, je vis d'un premier coup d'œil notre pays enrichi d'un nouveau fleuron par le chef-d'œuvre d'un de ses artistes, et l'explication du poinçon adopté par la famille Pénicaud. A Paris, où l'on est plus familier avec le nom de saint Bernard, on avait pris *Nardon* pour un diminutif du nom du grand abbé de Clairvaux, et l'on expliquait les initiales P. L. par *Pénicaud limosin,* ce qui produisait une erreur pareille à celle qui donnait à notre célèbre *Léonard* son nom de famille pour le nom de sa province, *quoique la lettre L précédât la lettre P.*

Mais moi, Limousin, à qui les saints de notre diocèse ne sont pas étrangers, je rendis à saint Léonard l'honneur qui lui était dû, et rétablis la vraie signature de Léonard Pénicaud, que mes découvertes à nos archives ont confirmée.

Il reste pourtant encore à résoudre la question de la couronne placée au-dessus des deux initiales du monogramme : je pense que ce fut une fantaisie de l'artiste de décorer ainsi son poinçon d'orfèvrerie, comme on voit encore de nos jours mêmes les couteliers couronner ou leur chiffre ou un emblème de leur choix ; car je n'ai aucune raison de croire que les rois Charles VIII ou Louis XII aient donné à Nardon Pénicaud le titre de peintre royal.

______

(1) Elle est peinte en lettres d'or sur fond bleu.

La plaque émaillée inscrite au n° 2029 du musée de Cluny est haute de 314 centimètres sur 235 de largeur. J'en fais une description sommaire pour ceux de nos concitoyens qui ne peuvent l'aller voir à Paris, et pour engager nos compatriotes qui visitent la capitale à aller admirer ce chef-d'œuvre rue des Mathurins-St-Jacques. N.-S. Jésus-Christ y est peint, attaché à la croix entre Marie, sa mère, et son fidèle disciple saint Jean, au milieu des anges qui portent les instruments de sa passion : la sainte face de la Véronique, la lance, l'éponge, l'échelle. Le soleil et la lune y sont figurés à droite et à gauche. Des anges reçoivent dans des calices le sang qui coule des plaies de Jésus. Sainte Marie-Madeleine est prosternée au pied de la croix. Le tout est peint en couleur sur un fond bleu d'azur semé de fleurs de lis d'or. Au bas du tableau, un grand écusson aux armes de France ; d'un côté, un seigneur agenouillé et priant, derrière lequel sont les armoiries du roi René d'Anjou ; de l'autre côté, un prêtre à genoux et priant aussi, sans doute *Luc de Violo;* près de lui, l'inscription citée plus haut, où ce prêtre est désigné comme ayant commandé cette peinture émaillée. Elle forme comme deux tableaux dont l'un est encadré par la longue légende finissant par les initiales du roi René R. R. : c'est le sujet principal. Le second représente le prêtre Luc et René d'Anjou avec leurs écussons. On lit encore autour du premier tableau ces inscriptions latines : *Ego sum qui sum. — Rex regum et dominus dominantium Jesus Christus. — Lapis ab infidelibus potentibus reprobatus et principibus crucifixus, fidelibus et humilibus humiliter adoratus. — Meum est consilium et equitas mea et potentia et fortitudo. — Per me reges regnant, per me principes et imperatores.* Ces inscriptions sont écrites en lettres d'or : ce métal brille sur la couronne de France, les fleurs de lis, etc. La croix est bordée de paillettes d'émail relevées par l'éclat du paillon. Le revers est en émail opaque brun marbré de violet.

On voit les initiales N et L de Nardon Pénicaud sur un triptyque en émaux de couleur, de la collection Carraud, haut de 24 centimètres sur 17 de largeur (les volets ont 7 centimètres de large). Il représente le Christ entre sa sainte mère et saint Jean, peints en buste ; Jésus est nu devant une balustrade où sont placés le manteau de pourpre et les dés de sa passion : c'est aux deux extrémités de cette balustrade que l'émailleur a écrit en lettres d'or ses initiales. Il a écrit de même au bas de la plaque ces inscriptions : *Christus mortuus est propter peccata nostra, et resurrexit propter justificationem nostram;* sur le volet de gauche, saint Paul, et, sur celui de droite, saint Pierre, tous les deux debout. Les figures du sujet principal se détachent sur un fond d'architecture d'un style qui tient à la fois du gothique et de la renaissance, entre la fin du xv⁰ siècle et le commencement du xvi⁰.

Nous ferons remarquer par la suite le goût des autres Pénicaud pour les colonnades, les portiques et autres embellissements empruntés à l'architecture : les peintres sur vélin de cette époque en avaient donné l'exemple. Les archives de la Haute-Vienne conservent une lettre circulaire de ce temps, par laquelle l'abbé de St-Martial de Limoges demande aux rois et reines de l'Espagne et de l'Italie des secours pour relever son monastère incendié. Trois vignettes à couleurs brillantes décorent la tête de cette lettre, et peuvent être l'œuvre de Pénicaud. Celle de droite représente le miracle de la multiplication des pains dans le désert : sous une ogive surbaissée à la manière orientale, et ornée d'un chou couronnant dans le fond les voûtes bleues de portiques et de colonnes, est placé le groupe des douze apôtres et de leur divin maître. Saint Pierre et saint André présentent à Jésus-Christ le petit Martial tenant une corbeille où sont cinq pains et deux poissons. Le rouge, le bleu et le vert éclatent sur les vêtements des divers personnages ; les détails d'architecture sont gris et bleus.

Le haut de la vignette de gauche est encadré par une sorte d'arc de fantaisie surbaissé et orné de trèfles à ses deux extrémités, peint en gris, au devant duquel une clef de voûte bleue réunit quatre nervures. Au fond, fenêtres vitrées. Guérison miraculeuse des *ardents* par le saint évêque Martial, bénissant, de la droite, cinq personnages tendant les mains vers lui ; il est vêtu de ses ornements pontificaux ; à ses pieds, trois malades demi-nus appuyés sur des béquilles et un homme habillé de rouge et de bleu mi-parti ; les quatre hommes et une femme portent les costumes du xv⁰ siècle. Les murs de l'édifice sont décorés de festons arabesques. Les couleurs dominantes et le style se rapportent assez à la manière de nos premiers émailleurs.

Entre ces deux miniatures est placé un buste de saint Martial, coiffé d'une mitre blanche, et revêtu d'une chape en beau bleu d'outremer, entouré d'une hymne en son honneur et de prières en lettres dorées.

La même collection Carraud possède un autre triptyque de Nardon des mêmes dimensions : c'est l'apparition de N.-S. à sainte Madeleine, coiffée du turban comme les figures peintes et sculptées dans le dernier quart du xv⁰ siècle. Sur chaque volet une sainte debout dans une niche, avec les légendes en lettres d'or : *Mater Dei*, *memento mei*, sous la première, et *Ave, Maria, gratia plena*, sous la seconde.

J'invite nos confrères et concitoyens à aller voir au musée du Louvre les œuvres de notre Nardon portant les n°s 159, 160, 161, 162 et 163 du catalogue.

Un triptyque dont la plaque du milieu est haute de 203 millimètres sur 167 de largeur, et les volets aussi hauts, mais moins larges (67 centimètres). *Pieta*, *Notre-Dame de Douleurs* ou *de Pitié*, qui contemple avec tristesse le corps sanglant de son divin fils étendu sur ses genoux. Les deux autres Marie sont près d'elle : l'une détache la couronne d'épines; l'autre, tenant une boîte de parfums, porte à ses lèvres la main de Jésus. Ce tableau est encadré par les détails d'une chapelle à trois nefs dont les arceaux et les colonnettes se détachent sur un fond d'azur. Un tapis vert semé de pierres précieuses cache à demi des anges adorateurs. Une mosaïque, moitié violette et moitié verte, dont les dessins sont tracés par des lignes noir et or. Les auréoles des trois Marie sont de couleur violette, ainsi que la robe de la sainte Vierge. L'ample manteau de celle-ci est bleu d'azur rehaussé d'or; le paillon brille dans tous les ornements et les imitations de pierreries fines. Saint Pierre, debout dans la plaque du volet gauche, en tunique violette et manteau bleu, porte dans ses mains une clef et un livre. Sur la plaque du volet droit est peint saint Paul, tenant une épée et un livre ouvert : sa robe est bleue; son manteau, violet : l'inscription PAULE se lit sur le collet de sa tunique.

Le *Couronnement de la Vierge* est représenté sur deux plaques de formes différentes : la première, carrée, a 19 centimètres de hauteur sur 17 de largeur; la seconde, circulaire, a 23 centimètres de diamètre. Sur le n° 162, la bienheureuse Marie est peinte agenouillée devant une estrade où sont assis Dieu le père, la tête ceinte d'une tiare et bénissant de la main droite, et Jésus-Christ couronné d'épines tenant sa croix. L'Esprit saint, sous la forme d'une colombe, plane au-dessus de la tête de la sainte Vierge. Dans le haut de la plaque, un ange tient de deux mains la couronne qui lui est destinée; quatre autres anges sont placés sur les côtés, près de Dieu le père, de Jésus et de Marie. Le fond est d'azur semé d'étoiles d'or; les nimbes sont ornés de pierreries en relief chatoyantes de paillon. Deux colonnettes encadrent la composition. Au milieu de l'arc supérieur est un médaillon, en forme de clef de voûte, où l'artiste a peint saint Michel tout armé. Deux scènes de la passion escortent le médaillon en petites proportions : *Jésus crucifié* et la *Lamentation sur la croix*. Le médaillon est entouré d'imitations de pierres précieuses L'émail du revers de cette plaque est opaque, gris violacé et marbré.

Plaque 163 : Jésus-Christ, assis à droite de la composition, pose une couronne sur la tête de sa sainte mère, dont les yeux baissés et les mains jointes peignent l'adoration. Jésus, coiffé d'une tiare ou triple couronne de pierres précieuses, soutient dans la gauche un globe crucifère ; sa longue tunique est bleue, et sa chape, violette doublée de vert, est attachée sur la poitrine par une agrafe. Le bas de cette chape est bordé d'un galon étroit sur lequel on lit cette inscription : *Jesus Christus Rex regum et Deus Dominus. Ave, Maria ; Ave, Maria.* Le galon, plus large du devant, est enrichi de pierreries. Le monogramme du Christ est répété sur la partie inférieure de ce vêtement. La sainte Vierge est revêtue d'une robe violette : ses cheveux retombent flottants sur ses épaules ; les parements des manches sont verts ; son manteau, bleu lapis, est bordé d'un galon brodé de perles et de lettres formant le monogramme de Marie ; le fond est d'azur semé d'étoiles d'or. Les deux siéges et les chaussures des deux personnages célestes sont ornés de pierreries ; près des pieds, au milieu d'un sol émaillé de vert, est une étoile grande en paillon et rayons dorés, l'étoile de Marie , *stella matutina.* Cette plaque est encadrée d'une bande d'émail blanc, où on lit, en lettres noires et avec des abréviations, l'inscription qui suit : *Gloria et honore exaltacione singulisque graciis, Dominus Jesus, qui est Pater, et Filius, et Spiritus sanctus, non divysus, set solus Christus Deus, coronavit suam dilectissimam matriam, reginam atque imperatricem sui infiniti regni celorum, et sedet ad dexteram suam, que cum eo vivit et regnat.* Revers opaque de couleur glauque.

Nous ne devons pas oublier un fragment très-mutilé d'un émail de Nardon Pénicaud conservé au musée de Cluny : c'est la *Vierge en buste,* œuvre d'un grand mérite. Les carnations en sont violacées, les mains d'un dessin parfait, la tête d'un caractère simple et primitif, les vêtements d'un bleu admirable, le nimbe brun et translucide : ce fragment est bordé d'inscriptions en or. N° 999.

Deux volets d'un triptyque de la collection Beaucousin sont encore attribués à ce même émailleur Nardon, qui y a peint l'*Adoration de l'enfant Jésus* et sa *Circoncision.*

Voilà tout ce que l'on connaît de Nardon Pénicaud, ce chef de l'école d'émaillerie de Limoges depuis la renaissance. M. le comte de Laborde, qu'il faut toujours citer quand il s'agit d'émaux, calcule qu'il fallut au moins quinze années à ce maître pour arriver à triompher des difficultés de son art, et produire ce tableau capital du Calvaire, daté de 1503. L'acte de 1495, que j'ai rapporté, vient à l'appui de cette hypothèse, et porterait sa naissance vers 1474. Une de ses maisons était encore sous son nom en 1570 ; mais il n'a probablement pas vécu jusqu'à cette époque.

M. de Laborde reproche à cet émailleur des tons généralement bleus tendant au brun vineux, dans une gamme sombre et un peu triste, que n'égaient pas les bleu turquoise tranchant avec des vert d'eau pour le ranimer.

Les fonds sont semés d'étoiles ou de fleurs de lis d'or ; les étoffes sont d'un ton solide. L'effet général est harmonieux, quoique l'artiste abuse du violet, et n'évite pas les tons faux dans les carnations. Les cheveux sont dorés : usage du paillon.

II. — JEHAN PÉNICAUD.

On lit à la page 20 de la 5ᵉ liève de l'hôpital général : « La ruette qui vient de la porte des Arenes par dessoubs les murailles de la ville à la maison du Breuil, sur une maison basse et verger à présent basty, *qu'a esté de Jehan Pénicaud, esmailleur,* il est deu de rante perpétuelle a cause des pauvres a vestir, argent cinq sols, par contrat du douze novembre 1610 ». En marge : « Rue de l'Echelle-de-*Froydebise* ». Et plus loin : « Jehan Penicaud a payé v sols de rante, de 1584 à 1613, sur la maison sise en la ruelle venant de la porte de l'Arene au Breuilh, au prieuré de St-Gérald ». Petits registres de ses rentes ; et, par apostille : « Cette maison de Jehan Penicaud, esmailleur, fut à M. Petiot du Masboucher, gendre de feu M. Etienne Ardy ».

Ces mentions, et plusieurs autres concordantes, prouvent qu'un Jehan Pénicaud, émailleur, hérita de la maison de *Nardon*, et qu'un autre Jehan Pénicaud succéda dans sa propriété au premier, mort depuis long-temps, en 1610, *qu'a esté.* Ce Jehan II Pénicaud vivait encore en l'an 1613 ; mais rien ne nous apprend si le premier était le fils ou le frère de Nardon : je pencherais pour la qualité de fils, puisqu'il a adopté sur ses émaux le poinçon LP couronnés choisi par Léonard Pénicaud ; qu'il aurait habité sa maison et son atelier, et qu'il lui aurait survécu pendant un temps assez long. Le second Jean Pénicaud cité dans ces actes serait, dans ce cas, le fils de Jean II et le petit-fils de Léonard : celui-ci a frappé également le poinçon de la famille sur ses œuvres.

La ville de Limoges conserve, dans plusieurs collections, dix tableaux des *Jean Pénicaud,* que je vais attribuer à chacun de leurs auteurs, suivant ma connaissance.

M. le docteur Alphonse Bardinet en possède six, que je crois de Jean Ier Pénicaud dit *l'aîné*. Ils sont tout à la fois intéressants pour nous, comme œuvres de l'art limousin, et comme touchant à l'histoire religieuse de saint Martial, le premier évêque de notre province : plusieurs actions de sa vie y sont représentées d'après les légendes locales. Ces émaux ont 152 millimètres de hauteur sur 201 de largeur.

Le premier, en suivant l'ordre chronologique des faits, nous retrace une scène qui se passe dans un désert : quinze personnes sont groupées entre deux grands arbres; un palmier très-vert et un autre arbre, plus gros, à tronc gris et feuillage imitant celui du laurier, encadrent le premier plan. Le ciel est bleu foncé; le sol, d'un vert noirâtre, où croissent parmi les cailloux quelques plantes d'un vert plus clair rehaussées d'or. Dans le lointain, une riche verdure, arbres, deux temples ou portiques surmontés de dômes, au pied de montagnes formées de rochers agglomérés. Au milieu, Jésus-Christ entouré d'apôtres et autres témoins. Sur le devant, saint Martial enfant, vêtu d'une robe vert pâle; sa tête est blonde; ses bras et ses pieds, gros et forts; son visage, plein et presque bouffi; il tient des deux mains une corbeille plate couverte de cinq pains ronds et des deux poissons traditionnels. Le Sauveur du monde a la barbe et la chevelure d'un blond noisette, la tête ceinte d'un nimbe rouge entouré d'un cercle d'or d'où s'échappent des rayons lumineux. Sa tunique, en paillon, est détruite, à l'exception de la manche du bras droit dirigé vers la tête de l'enfant, laquelle est d'une étoffe rouge violacé ou pourpre; ses pieds sont nus comme ceux de tous les assistants. Les apôtres ont la tête ceinte d'une auréole dorée; deux spectateurs ont des bonnets bleus ou verts en paillon.

A la droite de Jésus sont groupées six personnes, parmi lesquelles on reconnaît saint Pierre, le plus près de Martial, qui passait pour son parent; saint André, dont les traits ressemblent à ceux de son frère Pierre, est à côté de son divin maître : il est revêtu d'une espèce de chlamyde bleu clair dont les plis sont agrafés sur l'épaule. Le personnage au bonnet bleu paraît écouter ce que dit saint Pierre. Toutes ces figures sont admirables d'expression; les cheveux et les barbes sont peints d'une manière particulière à Pénicaud. La destruction du paillon ne permet plus de distinguer que le vêtement vert émeraude et le manteau brun rouge de saint Pierre. Un autre apôtre de ce groupe a un semblable manteau.

A la gauche du Sauveur du monde se tiennent six apôtres à nimbe d'or; parmi eux saint Jean au visage jeune et imberbe, à la tunique bleu céleste (paillon) et au manteau brun rouge, comme les autres assistants dont on peut voir le corps entier ; les têtes de face et de profil sont traitées avec la même supériorité. Sous le grand arbre au tronc gris est debout un homme coiffé d'un grand bonnet phrygien vert, vêtu d'une tunique brune et d'un manteau vert marin. Revers incolore.

Dans le second tableau, le ciel, bleu foncé, blanchit à l'horizon, et laisse une bande claire au-dessus des montagnes de l'arrière-plan. Le sol, sur lequel les pieds nus des personnages ne se détachent que mieux, est d'un vert très-foncé. L'action est, comme dans l'émail précédent, partagée en deux groupes. Jésus-Christ est au milieu, tourné vers la droite; sa chevelure et sa barbe sont plus foncées que dans le premier tableau; le même nimbe et les mêmes rayons entourent sa belle tête. Son vêtement, en paillon, est tombé, et a été remplacé par une pâte rouge imitant ce qui en reste. N.-S. impose les mains sur la tête de saint Martial, vêtu encore en bleu clair, mais plus grand et plus fort. La main de Jésus touche les cheveux du jeune saint, et rappelle l'Evangile où il est dit : *Laissez approcher de moi les petits enfants.* On distingue, du côté gauche, à leur auréole d'or, trois apôtres : l'un, jeune et blond, en tunique vert smaragdin (paillon), se croise les bras sur la poitrine (saint Jean); un autre, à longue barbe, en robe bleu foncé, tient un livre ; ses jambes et ses pieds nus sont simplement dessinés au trait sur le cuivre, dont elles gardent la couleur ; il en est de même d'un guerrier blond à la tête nue placé entre les deux apôtres, dont la tête et le bras nu sont teintés en carnation, mais dont la cuirasse et la camisole flottante, ainsi que les jambes et les pieds, sont couleur de cuivre : il est vu par derrière, et tourne la tête vers saint Jean. Un petit manteau bleu, en paillon, est suspendu à son épaule gauche.

Deux têtes se montrent en arrière, l'une en bonnet bleu turquin (paillon), l'autre en bonnet bleu pâle veiné de blanc. Dans le fond du tableau, des rochers, des arbres verts, un temple rond à colonnes et des montagnes ; de même, entre J.-C. et le groupe de droite, un temple ou portique surmonté d'un dôme ; trois apôtres et trois personnages coiffés de bonnets phrygiens et d'une sorte de turban vert foncé, vert clair et bleu mêlé de blanc; l'un d'eux porte une tunique de cette dernière couleur et un manteau brun rouge ; le paillon du vêtement des autres a été remplacé par une pâte rouge.

Un apôtre a conservé sur le sien des traces de vert rehaussé d'or. L'expression des visages est sévère et animée comme par une vive conversation.

Le troisième tableau nous présente saint Martial prêchant la foi au peuple lémovique sur le devant d'un portique à pilastres carrés d'un marbre bleu très-foncé. Les auditeurs sont au nombre de vingt-cinq ou vingt-six. Onze portent des coiffures très-variées, le casque, le bonnet phrygien, jusqu'au *capitegium* des femmes; deux d'entre elles sont assises au premier plan; le reste de l'assemblée est debout. A peine si trois ou quatre hommes sont barbus; ils sont presque tous jeunes et blonds. Un guerrier tient son glaive incliné en signe de respect pour l'orateur chrétien. Aucun des visages n'a le type ni le caractère juif : toutes les physionomies dénotent l'intérêt et l'attention qu'elles prêtent aux paroles de Martial. Le saint est élevé sur une base quadrilatère de marbre violet et blanc. Sa tête est ceinte d'une auréole jaune doré ; ses cheveux et sa barbe sont d'un blond très-clair ; on ne voit plus qu'un lambeau de son manteau : il était de pourpre (paillon). Ses pieds et ses jambes sont nus, comme ceux des autres spectateurs, à l'exception de trois guerriers chaussés de sandales, et dont les jambes portent des bottines, ornées de fleurons dans le haut, qui descendent jusqu'à la cheville. Celui qui tient son épée renversée porte un casque fort orné vert et or, où l'on distingue les traces d'une couronne. Un riche manteau de pourpre brodé d'or enveloppe avec élégance une tunique jaune bronze ; les cuissards, dont on ne voit qu'une faible partie, sont bleu pâle. C'est probablement Junius Silanus le proconsul que l'émailleur a voulu peindre. Il est suivi d'une faible escorte de soldats ou d'officiers armés et coiffés de casques; leurs manteaux sont bleu clair ou bleu violet pâle. Un autre spectateur a la tête découverte et une toge bleu de ciel en paillon : il est jeune et blond. Parmi les têtes ou bustes qu'on aperçoit au-dessus des hommes du premier plan, on en remarque une avec un bonnet phrygien bleu, et une autre avec un casque vert doré en paillon ; un jeune homme vêtu d'une tunique jaune bronze et d'un manteau bleu verdâtre tient un livre : il est placé tout près de saint Martial : c'est son disciple Alpinien. Nous retrouverons ce saint dans les autres tableaux avec les mêmes vêtements.

Les quinze ou seize personnages placés à la gauche du saint prédicateur sont dans des attitudes variées. Le plus près de l'estrade est un vieillard à barbe et chevelure blanches, qui penche la tête d'un air profondément touché. Sa tunique est peinte en jaune bronze ; son manteau , vert en paillon , couvre l'épaule droite , et vient retomber en large draperie sous son bras gauche , dont la main tient un objet doré difficile à expliquer : est-ce une large épée, un *scipion* ou bâton de commandement, ou un faisceau de licteur ? Ce qui motive cette dernière hypothèse c'est qu'on croit voir trois verges ou baguettes d'or liées par des bandelettes dans ce que ne cache pas la toge du vieillard. Deux soldats l'accompagnent : l'un, près de lui, dont on ne voit que la tête et le casque jaune ; l'autre, un peu plus loin. Le casque de celui-ci est vert d'émeraude en paillon. Il est probable que Pénicaud a voulu peindre dans ce vieillard le père de sainte Valérie, époux de Susa ou Susanne, le proconsul d'Aquitaine avant Junius Silanus, avec qui une alliance était projetée. Ce qui appuie cette supposition c'est la présence de deux femmes assises sur un siége couleur d'acajou et sur une partie de son manteau ; la plus jeune, dont les traits sont pleins de noblesse, est couronnée d'un diadème d'or, vêtue d'une robe d'un bleu rehaussé d'or : Sa tête, entourée d'un cercle ou auréole d'or, annonce la sérénité de son ame. Près d'elle se trouve une autre femme, dont la tête. ceinte aussi d'une auréole , est couverte d'un voile blanc retenu par une bandelette de même couleur. Cette dame porte une robe d'étoffe brun rouge. Ces deux robes sont drapées avec une rare perfection de dessin. Les nimbes , attribut de la sainteté , nous désignent en ces deux femmes sainte Valérie et sainte Susanne, sa mère ; derrière elles se tiennent debout deux femmes de leur suite , vêtues d'étoffe bleu clair : l'une , vieille, coiffée d'une sorte de bonnet brun ; l'autre, jeune , d'un voile couleur de sa robe, serré par une bandelette. La pose de saint Martial, celle de Junius Silanus, celle de Leocadius , de Valérie et de Susanne indiquent évidemment qu'une conversation est engagée entre eux ; Silanus paraît troublé ; Leocadius baisse la tête en signe d'affliction ; Martial fait un geste de la main d'un air de pitié ; Valérie sourit à ses paroles, et Susanne tend l'oreille pour mieux entendre. Tous les spectateurs témoignent par leurs physionomies l'intérêt qu'ils portent à l'entretien, tant l'escorte romaine de Silanus que la suite lémovique de Leocadius et des dames de sa famille. On voit dans cette dernière plusieurs vieillards coiffés de bonnets ou turbans bleus ou jaune orange en paillon , trois soldats à casques verts en paillon ou bleu pâle et jaune. Sur l'estrade, qui forme un piédestal au saint, il reste quelques traces de lettres d'or ; plus en avant , au milieu du sol, un petit autel carré long , à trois marches, d'un marbre jaune et vert. Revers . comme celui du précédent tableau, incolore.

Le quatrième tableau retrace la résurrection du disciple de saint Martial Austriclinien. Le pieux évêque tient en main le bâton de saint Pierre, une verge d'or, et soulève, de la main gauche, le corps, enveloppé d'un léger linceul blanc nuancé de bleu du compagnon de ses travaux évangéliques. Saint Martial est représenté, comme dans les précédents émaux, blond, ceint d'une auréole, en tunique dont le paillon est tombé ; son manteau est d'un pourpre foncé. L'action se passe entre deux colonnes de marbre blanc dont on ne voit pas les chapiteaux. Le fond est d'un bleu noir. Le parquet se compose de losanges de marbre violet, bleu, vert jaunâtre, de couleurs foncées comme la pierre qui fermait le tombeau d'où sort Austriclinien. Un nimbe d'or entoure la tête blanche du ressuscité ; sa main gauche est accrochée aux bords de sa tombe.

Derrière la colonne de gauche se tient debout saint Alpinien revêtu d'une aube et d'une sorte de manteau vert émeraude en paillon, bordé d'un galon d'or ; sa tête, blonde, est ceinte d'un cercle d'or ; il porte des deux mains un grand livre violet orné de clous d'or. Au-delà de la colonne de droite, un soldat à barbe blanche, à casque bleu et or en paillon, en manteau bleu et blanc nuancé, qui s'ouvre sous les deux bras comme une dalmatique, aux jambes couvertes de bottines, appuie ses deux pieds sur le couvercle du sépulcre, et donne tous les signes de l'étonnement par ses gestes et les traits de son visage. La large entrée du monument permet de voir au dehors le ciel bleu sombre, des montagnes lointaines, un temple rond à colonnes et la riche végétation de la campagne. Revers incolore.

Le cinquième tableau n'est composé aussi que de quatre personnages : le sujet en est des plus intéressants. A l'angle supérieur de gauche, dans un ciel bleu qui blanchit près de l'horizon, au milieu d'une lumière éclatante formant une circonférence entourée de nuages bleus et blancs, Dieu le père se montre dans toute sa gloire au bienheureux Martial. Il est vêtu de pourpre et d'or (paillon) ; il tient, de la gauche, un globe bleu (paillon) surmonté d'une croix. Sa barbe est blanche ; sa chevelure, d'un blond pâle ; il tend la droite vers nos trois saints.

Au-dessous, la ville de Limoges, assise au pied des montagnes, avec ses édifices, qui s'élèvent au milieu des arbres et de prairies verdoyantes. On remarque plus particulièrement une église surmontée d'un clocher semblable à celui de la basilique de St-Martial avant qu'il eût été remonté en forme de *chaufferette :* un petit monument à coupole ; une maison à colonnes et fronton, comme un temple antique, percée de portes et fenêtres ; plus haut, un bâtiment terminé par un dôme ; au rez-de-chaussée, deux colonnes, trois au premier étage, entablements ou corniches, porte. cintrée, fenêtres étroites et longues ; sur l'arrière-plan, petits temples ronds ; vers la droite du tableau, maisons crénelées, à toits étagés en gradins, et sans portes ; des temples tétrastyles à frontons triangulaires, tous bâtis jusqu'à la base lointaine des rochers et des montagnes. Ce qui rend la perspective plus pittoresque, ce sont les arbres et la verdure qui bordent les rives de la Vienne, dont l'eau se distingue par des teintes d'un bleu marin qui tranche avec le jaune doré d'un des bords de la rivière. Un petit et un grand arbre encadrent cette peinture ; le dernier étend ses larges rameaux, dont le feuillage ressemble à celui du châtaignier. Les monuments de la ville sont d'un gris rehaussé de blanc.

Le premier plan est occupé par saint Martial prosterné en face de Dieu le père ; ses bras se croisent sur sa poitrine ; ses cheveux et sa barbe sont blond clair ; un cercle d'or entoure sa tête ainsi que celle de ses deux disciples ; son vêtement, de pourpre, en paillon, a disparu presque entièrement. Saint Austriclinien, à la barbe et aux cheveux blancs, est à genoux derrière son maître ; il porte une tunique courte jaune bronze et un manteau bleu nuancé de blanc. Saint Alpinien, blond et imberbe, est debout, les bras tendus en signe d'admiration et de terreur ; sa tunique est jaune bronze, son manteau vert, en paillon. Les trois saints sont placés sur une colline de l'autre côté de la Vienne (1) sous le grand arbre déjà décrit. Le sol est vert foncé ; quelques cailloux blancs y sont semés. Les figures, les mains, les jambes et les pieds sont traités, dans ce tableau, de main de maître. Revers incolore.

L'apparition de Dieu le père à saint Martial est le sujet du sixième tableau. La fête s'en célèbre, dans notre diocèse, le 16 juin, suivant le Bréviaire de Limoges. La tradition porte que, ce jour-là, sa mort prochaine lui fut annoncée. Les personnages se reconnaissent aux vêtements qu'ils ont dans les précédents émaux ; ils sont très-bien conservés ; le paillon seul de la tunique du Père éternel a disparu.

On voit sa tête divine, à longue barbe et chevelure blanche, penchée vers Martial, et ses deux bras ouverts, comme pour l'appeler à lui ; un demi-cercle de nuages bleus et blancs entoure la gloire éclatante où se montre le buste de Dieu le père, à l'angle

____

(1) Le rocher de Babylone, près du pont St-Martial.

gauche du plafond d'un oratoire ou petit sanctuaire carré de marbre violet très-foncé. Les corniches en sont blanches, ainsi qu'un grand pilastre à chapiteau d'ordre ionique, placé à l'entrée. Le plafond ou lambris est percé d'une fenêtre ronde grillée, dont les vitres sont bleues ; le parquet est vert foncé. Un autel sur lequel descendent des rayons lumineux de la gloire de Dieu le père est du même marbre que la chapelle ; sa base et les cadres des panneaux sont bleus. Le marchepied est orange foncé ; les gradins en sont marqués par des lignes dorées ; le rétable en bois de l'autel est aussi doré : on y voit sculptée l'*Annonciation*, la Vierge agenouillée, le Saint-Esprit sous la forme d'une colombe, et l'ange Gabriel un lis à la main ; la mitre du bienheureux évêque repose sur l'autel : elle est bleu saphir, en paillon, rehaussée d'or ; ses fanons à franges d'or flottent sur la nape sacrée. Au milieu est un petit calice d'or sur une petite pièce d'étoffe blanche bordée d'or (le corporal), à côté d'un livre tout ouvert. Cette nappe, d'une grande blancheur, est si délicatement peinte qu'on y reconnaît toute la finesse du tissu : dans la partie qui déborde sur le devant, elle a la transparence de la mousseline brodée. Sur une console, à gauche de l'autel, on remarque deux charmants petits vases ou aiguières d'or (burettes). Le saint évêque Martial, revêtu de l'aube et d'une chasuble de forme antique, du plus beau violet pourpre (paillon), tend vers la céleste apparition ses deux bras appuyés sur l'angle droit de l'autel ; sa chevelure et sa barbe sont d'un blond clair ; le nimbe qui entoure sa tête est de couleur orange ; ses pieds sont nus comme ceux de ses deux compagnons. Austriclinien a toutes les marques extérieures de la vieillesse ; il semble écouter avec émotion les paroles divines ; Alpinien, jeune encore, appuie une main sur son cœur : ses traits donnent à connaître l'impression que fait sur lui cette scène touchante ; il tourne le dos à l'entrée du sanctuaire, qui laisse entrevoir en dehors le ciel bleu, les montagnes à l'horizon, des rochers, des arbres verts et un petit temple à deux colonnes surmonté d'un dôme. Revers incolore.

Je n'ai pas retrouvé sur ces émaux la date de 1544, que j'y avais vue il y a trente ans : elle est sans doute masquée par le bois doré dont on les a encadrés.

Deux émaux de la collection de M. Gabriel Reculés font partie de cette suite des miracles de saint Martial. Ils ont les mêmes dimensions que ceux dont je viens de donner la description. Le premier représente la guérison d'un possédé. Au devant d'un portique à colonnes blanches dont le fond est bleu très-foncé, sont placés le premier évêque de Limoges et ses deux disciples Austriclinien et Alpinien, tous les trois vêtus, comme dans les six tableaux précédents, en paillon. Le possédé gisant à terre est en camisole vert marin; le démon, qui s'enfuit dans un fond jaune et entouré de nuages, est d'or. Il faut lire dans Ordéric Vital la légende de la délivrance et résurrection du jeune Hildebert, étouffé par un démon; la conversation de saint Martial avec celui qui se nommait lui-même l'*artisan milliaire*, et qui n'aimait pas à parler latin : notre saint lui ordonna en hébreu d'aller dans un désert. J'ai traduit ces détails naïfs dans mon Traité des Ostensions. Le nimbe du saint évêque et de ses deux disciples est en or, ainsi que la verge ou bâton de saint Pierre avec laquelle il opérait des miracles. Martial porte, dans ce tableau, une barbe pointue d'un blond châtain comme ses cheveux. Les carnations de cet émail sont d'une touche mâle et vigoureuse; le sol est vert et jaune; le revers incolore.

Le second émail de M. G. Reculés nous offre quelque autre épisode de la résurrection miraculeuse du jeune Hildebert, fils du comte Arcadius, englouti par les eaux du gouffre de Garric dans la Vienne, près du Palais.

Ce tableau est composé de cinq personnages : saint Martial, Alpinien et Austriclinien, dans leurs costumes adoptés; un jeune homme, en tunique verte, paillon, jambes et tête nues, tend le bras vers l'homme à casaque bleue et casque vert des autres tableaux, en marque d'adhésion à ses paroles; deux colonnes; au dehors, temple rond, verdure.

Ce tableau présente les mêmes détails que le précédent, les colonnes blanches, le fond obscur : saint Martial, saint Austriclinien et saint Alpinien portent les vêtements de couleurs semblables à celles de notre dernière description : Hildebert est encore revêtu de la camisole verte, et coiffé d'un casque de la même nuance en paillon; un soldat, à tête nue, est vêtu de vert. Dans le lointain, paysage, temple rond. Orderic Vital fait raconter par Hildebert à saint Martial ses voyages au purgatoire et à la porte du paradis, et l'estime qu'on faisait de lui dans le ciel au rapport des anges : c'est probablement dans cet auteur que l'émailleur a pris le sujet de cette œuvre. Pierre le Scolastique a consacré des vers latins à ce miracle :

« Arcadii proles Hildebertum petit ima
Hunc sua conspiciens florentia membra lavanti

Qua Garricus adest gurges (Sunamque vocatur)
Dæmon iniquus adit , captum suffocat et abdit ».

*(Extrait de mes recherches à la Bibliothèque de la rue de Richelieu ,
à Paris : Observations sur le palais de Jocundiac.)*

Je me suis complu à décrire *in extenso* ces huit tableaux de
la vie de saint Martial, tant à cause des sujets que pour la beauté
de l'exécution : ils seraient un magnifique ornement de notre musée.
J'exprime ici les vœux les plus ardents pour que notre Société
en fasse l'acquisition, et ne les laisse pas sortir de cette ville.

M. le comte L. de Laborde cite de Jean Ier Pénicaud un *Christ
couronné d'épines* de la collection Danguy, et qui provient pri-
mitivement de celle de M. Didier Petit de Lyon. Cet émail, imité
d'une gravure d'Albert Durer, est signé IOHAN : P : ENICAVLT :
que M. D. Petit a lu P : E : *Nicaulat*. — Une *Flagellation* de la même
collection : une draperie tombante empêcha l'artiste d'y compléter
sa signature : on y lit, en lettres d'or, comme sur le précédent émail,
IOHAN : P. Cette dernière lettre a, dans le bas , un appendice comme
la ligne horizontale d'un L : serait-ce un souvenir de *Léonard* dit
Nardon ? — Une autre *Flagellation ,* de la collection Soltikoff, petite
plaque de cuivre émaillée en couleurs, est signée IOHANNES. PENC.
CAVD. Elle était tracée en caractères microscopiques et en or
sous les pieds du Christ : on les a grossis pour les rendre lisibles.
On suppose qu'elle a été peinte, vers l'an 1512 ou 1513, d'après
un original d'Albert Durer et la copie de Noël Garnier, qui parurent
de 1511 à 1512. Si cette date est admise, Jean Ier Pénicaud,
s'il était fils de Nardon Pénicaud, aurait eu alors dix-huit à dix-neuf
ans, en supposant que son père se fût marié à vingt ans. La *Mise
au tombeau,* même collection Soltikoff, et la *Flagellation* sur les
deux volets d'un triptyque dont *Jésus crucifié* occupe le centre.
Sur un autre triptyque de Berlin, où la plaque du centre représente
Jésus sur la croix, le *Portement de la croix,* et *Jésus descendu*
de cet instrument de supplice, on lit, au bas d'un des volets,
les deux initiales I et P liées par une sorte de *quatre-feuilles*
ou de croix fleurie. Ce même chiffre se retrouve sur un triptyque du
cabinet Soltikoff, au milieu d'un écusson fond bleu soutenu par
deux anges, entre l'*Adoration des bergers* et *celle des mages,* peintes
sur deux plaques.

Le même cabinet possède une *Résurrection du Lazare,* plaque
émaillée en couleur. On y voit, dans l'arrière-plan , une église
surmontée d'une fleur de lis.

On admire, dans la belle et riche collection de **M.** de Bruges, aux n°ˢ 724, 726 et 727, un cadre d'émaux représentant quatre sujets empruntés à l'Énéide : *Neptune arrêtant les vents déchaînés contre la flotte d'Énée; — Junon envoyant près de Didon l'Amour sous les traits d'Ascagne; — cette même déesse priant Éole de déchaîner les vents contre les vaisseaux troyens; — Didon recevant Énée dans son palais; — Énée et Achate rencontrant Vénus chasseresse.* Le poinçon L et P couronnés adopté par la famille de Léonard Pénicaud est frappé au revers de chaque compartiment.

Autre cadre d'émaux à onze compartiments. Dans le centre, l'*Ascension* de N.-S. Jésus-Christ; autour, diverses scènes de la vie de l'homme Dieu; à droite, la *Résurrection*, l'*Annonciation*, *Jésus déposé dans le sépulcre;* à gauche, *son baptême*, *la Cène*, *la Descente aux enfers.* Un grand émail, de forme ronde par le haut et carrée par le bas, s'élève au-dessus de la peinture principale et des émaux de la bordure : on y voit Jésus assis dans tout l'éclat de sa gloire : il tient le livre des Évangiles, sur lequel on lit : *Data est mihi omnis potestas in cœlo et in terra.* L'archange Michel, l'ange Gabriel et une foule de chérubins entourent son trône. Dans la partie inférieure du cadre sont peintes la *Naissance du Sauveur* et sa *Présentation au temple;* l'émail du milieu, que M. Jules Labarte croit d'une autre main, représente l'*Ecce homo.* Cette belle pièce a été publiée par M. du Sommerard dans son album, planche XIX de la 7ᵉ série.

Un autre cadre d'émaux à treize compartiments séparés par des filets d'or. Jésus-Christ est figuré, dans le petit tableau du centre, bénissant de la droite, et tenant, de la gauche, le globe crucifère. Dans les douze autres, autant d'apôtres en pied avec leurs attributs. La peinture est en couleurs rehaussées d'or; le revers est frappé du poinçon des Pénicaud L. P. couronnés.

Quelques émaux d'une grande finesse, et dans la manière de *Jehan I Pénicaud*, portent les initiales K. I. P. : ils peuvent être les œuvres d'un de ses élèves retouchées par lui, signées de l'initiale de l'ouvrier et de celle du maître : l'application du poinçon de la famille Pénicaud semble justifier cette hypothèse.

La fille de Jehan Pénicaud se nommait *Narde*, nom dérivé de *Nardon* ou *Léonard*, son grand-père ou oncle paternel, suivant des actes de 1557 et 1561. Serait-elle l'auteur des rares émaux signés NP. s'il y en a qu'on ne puisse pas attribuer à Nardon Pénicaud ? Cela n'est pas rigoureusement impossible, puisque nous avons des émaux de Susanne *Court*, de Valérie *Laudin*, filles d'émailleurs.

Un acte de 1548 mentionne bien un *Noël Pénicaud*, mais sans autre qualification, et deux autres, des mêmes nom et prénoms, sont qualifiés *pintiers* ou potiers d'étain en 1605 et 1626.

Une grisaille d'*un beau style*, signée *Jan Penicault*, est en la possession de M. Benoist, marchand serrurier au Mans. On signale, à Toulouse, un beau portrait par cet artiste.

Deux sentences furent rendues, en 1534 et 1537, contre Jehan Pénicaud l'aîné, au sujet du Carrier ou *Mas-Chanoine*.

Des titres de 1537 et 1543 désignent une vigne au clos de Chinchauveau comme lui appartenant, ainsi qu'une maison de la rue des Combes (1). Il possédait, en 1560, une terre au *Crucifix* d'Aigues-Perses. Il payait, de 1557 à 1561, sur une maison du Pont-St-Martial, une rente en son nom et celui de sa fille Narde, épouse de Hugues Bardonnaud. Jehan Pénicaud est probablement le peintre qui enlumina, on dirait aujourd'hui *illustra*, un livre de l'abbaye des Feuillants, alors St-Martin-lès-Limoges (1537). Un acte du 22 mars 1577, du notaire Martin, cite, dans une confrontation, la maison de Jean *Peniqot* (sic) rue *Magninie*. Jean I Pénicaud l'aîné était mort avant 1588: un acte de cette année parle d'une rente due par lui dès 1510, et payée par ses *heirs* sur une maison sise entre les rues du *Chevalier* et du Moulin-à-Vent, près Viraclaud. La Table chronologique de Jean Collin place cet émailleur au rang des hommes célèbres du Limousin. Deux procureurs des mêmes nom et prénoms, Jehan Pénicaud l'aîné et le jeune, étaient contemporains des deux émailleurs Jean I et Jean II le jeune, dont nous allons parler.

Je crois avoir découvert le nom de l'élève de Jean I, qui a marqué ses émaux d'un P et d'un V couronnés.

Le registre de la communauté des prêtres de St-Michel-des-Lions, page 209, fait mention d'une rente due sur une maison de *Pierre Vigier* dit *Calet*, émailleur, époux de Valérie *Limosin*, rue du Foussat, rente payée de 1528 à 1535. Cet émailleur a imité la première manière de Jean I Pénicaud, et a frappé ses œuvres d'un

---

(1) Vers la fin de 1536, un Pénicaud résidait près de l'hôpital, dans le voisinage d'un Noalher : aussi fit-on ces deux vers patois :

Loûs Noalher et loûs Pénicaou
Sount lujas prey de l'hopitaou.

C'était l'hôpital St-Martial, depuis la monnaie, rue des Combes, près la fontaine Constantin (du Chevalet).

poinçon approchant du sien : la *Décollation* de saint Jean-Baptiste, sujet à neuf personnages (collection Trimotel de Lyon); la *Flagellation*. grisaille teintée sur fond noir à trois personnages. On retrouve encore, à la page 81 du registre déjà cité, ce même Pierre *Vigier*, avec son frère Guillaume, à l'année 1548, pour leur maison de la rue du Foussat (Fossé) ou Croix-Neuve.

III. — JEHAN II PÉNICAUD.

Jehan II Pénicaud le jeune, *Johannes Penicaudius junior*, d'après les dates de ses œuvres, pourrait être le fils de *Nardon*, et, plus certainement, le frère de Pénicaud l'aîné. Malgré nos recherches, nous n'avons pu éclaircir cette obscurité.

On connaît de Jehan II Pénicaud des émaux datés de 1531 ou 1532 et 1539. Le portrait de Luther, n° 723 du catalogue de M. Jules Labarte (collection de Bruges), présente le monogramme IP, et, dans le bas, cette inscription : *Anno ætatis* 48. Or, Luther étant né en novembre 1483, cela fixe la date de la peinture de son portrait en émail à 1531 ou 1532. Le portrait d'Érasme de la collection Soltikoff, ancien n° 725 de celle de M. de Bruges, faisait pendant à celui-ci : on y lit la devise *In minimis maximum*, et le poinçon LP couronnés est frappé sur le revers.

Un émail du catalogue Walpole, n° 59, Londres, 1841, est daté de 1539, et signé IOHANES. PENICAVDI. IVNIOR, qui se traduirait littéralement par *jeune frère de Pénicaud*. M. Igonette, libraire de Paris, acheta, en ma présence, un bel émail à M. Juge-St-Martin de cette ville ; émail que j'ai cité souvent. Le nom de son auteur y est inscrit en quatre lignes sur les bases des colonnes : IOHANNES. Me *Fecit* PENICAVDIVS. IV. Ces deux dernières lettres, que je prenais pour un chiffre romain, sont le commencement du mot *Junior*. L'émailleur y a peint quelques miracles de saint Martial. Treize personnages y sont groupés devant un portique à deux colonnes ; parmi eux, un enfant agenouillé et un autre allaité par sa mère. La beauté des figures, le moelleux des draperies én paillon, la transparence des couleurs, en font un des meilleurs ouvrages de cet habile artiste.

J'ai acquis tout récemment un remarquable émail de ce maître : c'est le *Jugement de Salomon* peint dans un tableau de 235 millimètres de hauteur sur 265 de largeur : on y voit onze personnages dans diverses attitudes : six hommes, trois femmes et deux enfants. Le trône de Salomon s'élève entre deux colonnes de marbre blanc, sur un fond violet, au-dessus de deux gradins recouverts d'un tapis bleu turquin à franges d'or. Le siége à pieds de griffon est d'or également. Devant une tenture d'un vert smaragdin rehaussé d'or, se dessine la personne de Salomon. Ce roi est assis; il dirige la droite, en signe de commandement, vers un de ses gardes armé d'un glaive, et tenant en suspens un enfant de la gauche. Salomon est couronné d'un diadème d'or à rayons; sa tunique est de couleur orange; les plis en sont marqués par des filets d'or; il en est de même de son manteau de pourpre, qui, de l'épaule gauche, descend, pour couvrir ses genoux, jusqu'à ses pieds, qu'entourent les ligatures de ses sandales. Le paillon prodigué dans cette peinture, mais avec goût, sur toutes les étoffes, leur donne un éclat et une splendeur convenables à cette célèbre royauté.

Le visage du monarque exprime à la fois la dignité et la compassion; il se penche vers la mère de l'enfant vivant et son garde; sa tête, d'un blond doré, laisse flotter sur son cou sa chevelure légèrement frisée. Quatre conseillers ou ministres se tiennent debout à la droite du trône : le premier, jeune et blond, est vêtu d'une tunique de bleu d'outremer rehaussé d'or; les trois autres, à barbes et chevelures grises et incultes, semblent écouter avec une attention réfléchie; on ne voit que la tête du second; le troisième est enveloppé d'une toge orange et or; un quatrième, d'un vaste manteau vert rehaussé d'or. La tête d'une femme jeune et blonde, parée d'un ornement d'or sur le front, se laisse entrevoir au-dessus de l'épaule de ce dernier personnage.

Le parquet est composé de dalles d'un jaune terne : c'est là que s'agite la contestation entre les deux mères ; à droite est agenouillée celle de l'enfant mort, dont le corps, blanc et inanimé, gît sur le carreau · cette femme est vêtue d'une robe orange pâle; sa chevelure, rousse, est ceinte de cordons blancs : elle tend la tête et les bras vers le roi en lui montrant son fils. L'attitude de cette mère est froide et calme, tandis que celle de la seconde annonce la plus vive anxiété, qui se traduit par ses gestes et sa pose désordonnés; ses deux bras nus s'élancent pour arrêter le glaive de l'exécuteur du jugement; les tresses de ses cheveux se dénouent; sa bouche semble commander au roi de faire suspendre son arrêt; sa robe, jaune clair, suit dans ses plis extraordinaires tous le mouvements de son corps. Le garde, impassible et presque souriant, n'ayant pour tout vêtement qu'une étroite casaque d'un rose violacé et chamarré d'or, tient l'enfant vivant par un pied, et brandit, de la main droite, un large sabre à poignée d'or.

Tous les acteurs de cette scène sont convenablement placés : on reconnaît qu'elle est animée. Les têtes sont habilement peintes ainsi que les mains. Malheureusement quelques-unes ont été détériorées, et assez mal refaites par un peintre qui a recouvert le contre-émail d'un empâtement blanc et très-dur qui masque son travail et le poinçon des Pénicaud. Malgré ces mutilations, ce petit tableau est encore une œuvre remarquable.

Une *Annonciation* de la collection Danguy présente les initiales l. P. sur l'émail, et le poinçon L. P. au revers.

On peut admirer, dans cette même collection, une plaque d'émail divisée en douze compartiments : le *Christ* au milieu des douze apôtres, peinture d'une finesse imitant la miniature, frappée au revers du poinçon des Pénicaud.

Le cabinet Iza Czartoriska conserve un tableau de la Vierge allaitant son divin enfant; on y lit cette inscription : *O Maria flos virginum, velut rosa, velut lilium;* les mots en sont séparés par deux points. La peinture, quoique pâle, en est fine et délicate. Au revers, deux empreintes du poinçon L. P. On remarque, dans ce même cabinet, un médaillon précieux de Jean II peint sur émail, à deux côtés et de deux manières. Sur l'un est un portrait de religieuse, vue de trois quarts, fond noir bordé de blanc et de bleu; sur l'autre, un camaïeu doré représentant la *Vierge au berceau*, d'après Raphaël. Marie tient l'enfant Jésus sous les yeux de sainte Anne, patronne de la religieuse inconnue. On lit, sur ce joli ouvrage, cette inscription en lettres d'or : AVE : MATER : MATRIS : DEI : L'auteur a réuni, dans ces deux émaux, la hardiesse italienne à la simplicité française. — Même collection Czartoriska : *Nativité de N.-S. :* sa sainte mère est couchée; son divin enfant est emmailloté; trois femmes donnent leurs soins à l'une et à l'autre; un ange à genoux sur des nuages encense la mère de Dieu.

La collection Quedeville offre aux regards des curieux la *Cène* sur une plaque frappée de quatre empreintes du poinçon des Pénicaud. Le Christ et les apôtres sont assis autour d'une table ronde; saint Martial ou Cléophas entre à droite. Neuf arcades et une lucarne se remarquent dans le haut du tableau.

M. Soulage, de Toulouse, est propriétaire d'un médaillon ovale, *enseigne de chapeau,* en émail, d'une grande finesse de peinture les personnages sont vêtus à la mode du règne de Louis XII et d'Anne de Bretagne. Un seigneur est agenouillé devant la Vierge Marie apparaissant au milieu des nuages; le paillon ajoute à l'éclat des couleurs;

le poinçon L P est appliqué au centre. Une invocation à la Vierge y était inscrite ; mais sa restauration l'a rendue inintelligible.

Deux coffrets décorés de sujets bibliques ou des portraits des douze césars ornent le cabinet de M. Soltikoff ; les inscriptions de l'un de ces coffrets sont tirées de la Genèse, de l'Exode, du Lévitique, des Nombres, des Rois et des Juges. Les médaillons des empereurs romains sont en grisaille, encadrés de couronnes de laurier soutenues par des génies.

On voit aussi, dans cette collection, un cadre de bois doré réunissant onze plaques d'émail Dans celle du milieu, l'*Ascension de N.-S.,* très-ressemblante à un pareil tableau de la collection *Gatteaux,* où l'on voit J.-C. s'élevant dans les airs, entouré d'une gloire et de dix chérubins. Ces chérubins ont une carnation rouge de feu, les ailes éployées, les mains croisées sur la poitrine ; deux anges vêtus de blanc sont placés au-dessus de cette gloire ; deux autres, dans l'attitude de l'adoration, aux ailes vertes et en robes violettes, planent au-dessus ; les douze apôtres sont à genoux dans le bas du tableau les manteaux de saint Pierre et de saint Paul sont violets : le premier a une tunique bleue ; celle du second est brune.

Jean II Pénicaud jeune, ayant signé ses émaux *Penicaudius junior,* il n'est pas impossible qu'il ait peint ceux qui sont marqués de ses initiales P. I., dont l'un est daté de 1534, le portrait du pape Clément VII ; la plaque allégorique du musée de Lyon, où l'on voit un roi, peut-être un empereur, couronné de laurier, entre Pallas et la Victoire, plaque qui provient de la collection Lambert. Il a pu, dans ses premiers essais, ne signer, par modestie, que ses initiales. L'an 1541, Pénicaud le jeune s'opposa à la vente des biens de la famille de *Court,* son confrère en émaillerie. Un titre de cette même année fait mention de sa maison de la rue Sainte-Valérie ; il avait des propriétés au Mas-*Loubiers* près *Vieillas-Chavas* et au village de Monty. Il était mort avant 1588 : des actes de 1590 parlent de sa veuve, Marguerite Peyrat, et de ses deux fils, Jean et Antoine, en 1610.

IV. — JEAN III PÉNICAUD.

Ce *Jean* doit être Jean III Pénicaud, qui égala, s'il ne surpassa pas le talent de ses habiles parents ; il peignit ses émaux en grisaille, pour la plus grande partie, en teintant les carnations des personnages. Au n° 174 du Louvre, on admire la *Vierge et l'enfant Jésus tenant une pomme ;* l'inscription *O Mater Dei, memento mei,* se lit écrite en lettres d'or. Cet émail est peint en grisaille teintée sur fond noir. Anges dans des nuages ; corne d'abondance près de Marie, qui tient une palme de la gauche. Poinçon L P au revers.

Au n° 175, *Dieu apparaissant à Moïse au milieu d'un buisson ardent,* grisaille comme la précédente, rehaussée d'or ; poinçon de famille sur un revers un peu marbré.

N° 176, *Dieu donnant à Moïse les tables de la loi,* grisaille touchée avec la même verve que le n° 175 ; même revers marbré ; même empreinte du poinçon. — Le sujet du n° 177 est profane : c'est un *sacrifice au dieu Mars,* plaque en camaïeu doré sur fond noir : quatre hommes dans des attitudes diverses ; la statue du dieu est dans une niche dont les colonnes sont surmontées d'un fronton triangulaire. La victime est un renard ; un vase d'où s'élèvent des flammes est auprès. Revers marbré ; poinçon LP.

Une belle coupe, grisaille sur fond noir, à détails et ornements dorés, porte le n° 178. *Noé sacrifiant au Seigneur,* à genoux près d'un autel, entouré de ses fils et de leurs femmes. Ils adorent le Seigneur, que laissent entrevoir des nuages traversés par des rayons dorés. A l'extérieur de la coupe, des têtes, des masques alternant avec des vases et des trophées d'armes ; sur le pied, un enfant couché tenant un lapin dans ses bras, et plusieurs autres enfants dansants. L'émail du dessus de la coupe est noir.

Au n° 179, buire peinte en grisaille, fond noir, détails et ornements dorés, carnations colorées : la *Purification.* Mise en action de ces paroles de l'Exode : *Ils lavèrent leurs vêtements.* Des Israélites trempent leurs manteaux et leurs tuniques dans les eaux. L'un deux a la tête ceinte d'un petit diadème d'or ; douze hommes en tout, parmi lesquels un soldat ; une femme lave du linge dans un bassin. Sur le bord supérieur de la buire, cartouches à fond d'or où sont peints des guerriers à cheval alternant avec des génies chargés de guirlandes de fruits. Sur le goulot, une harpe entre deux hommes qui en touchent les cordes, chacun de son côté ; le bas est décoré de masques et de trophées d'armes ; le pied, de médaillons à sujets *restaurés ;* l'anse est ornée d'arabesques rouges sur fond blanc. L'émail de l'intérieur de ce vase est blanc ; celui du dessous est noir.

Le musée de Dijon a inscrit à son catalogue, n° 820, deux plaques de grisaille : *Dalila coupant les cheveux de Samson,* et *Samson tuant les Philistins.*

M. Taillefer, de Limoges, possède une *Descente de croix* dont le revers incolore est frappé du poinçon LP : trois personnes sont au pied de la croix ; l'or est très‑brillant, le paillon n'y est employé que pour la crête du coq ; le cuivre en est plus épais que dans les émaux ordinaires des Pénicaud (1).

Les chefs-d'œuvre de Jean III sont : la *Pieta,* médaillon de la collection *Rattier,* et le *Repas des dieux* du cabinet Soltikoff. *Jupiter et Vénus,* grisaille teintée de M. F. Reiset.

Outre la *coupe* et la *buire* dont nous avons parlé, Jean III Pénicaud a laissé une suite de charmantes assiettes bordées d'arabesques, décorées de médaillons représentant, à leur centre, un sujet mythologique, collection Andrew Fountaine ; deux chandeliers peints en grisaille teintée avec le plus grand soin depuis leurs pieds jusqu'aux bobèches.

La confusion produite par l'identité de prénoms entre les trois *Jehan Pénicaud* ne permet pas d'assigner de date au décès du troisième : nous devons présumer que c'est de lui qu'il est question dans les actes de 1601 et de 1617, où il est désigné comme neveu de Pierre Pénicaud , prêtre.

V. — PIERRE PÉNICAUD.

On est moins incertain sur *Pierre Pénicaud,* né vers 1515. Il habitait encore, en 1590, une maison au *Peyron* Ste-Valérie , entre le canton de Gaudin et la porte Montmailler. Il était aussi peintre sur verre, comme le constate le livre des recettes et dépenses de la confrérie du Saint-Sacrement de Saint-Pierre, par la quittance notariée qui y est enregistrée, à l'année 1555, de 60 livres données à compte pour le paiement d'un grand vitrail représentant la *Cène,* sur le pied de 10 livres par demi-toise carrée. Pierre signait de ses initiales PP. ses œuvres, bien inférieures à celles de ses parents. Le poinçon de famille y est moins apparent au revers, caché qu'il est sous un émail plus épais et souvent grumeleux.

Le Louvre renferme sept émaux de Pierre Pénicaud. — N° 184 : le *Christ au tombeau,* plaque en grisaille sur fond noir, carnations colorées. Le corps de Jésus est porté par Nicodème et Joseph d'Arimathie ; les trois Marie et des apôtres composent cette scène touchante. Revers en émail incolore. — N° 185 : bouclier rond et convexe, *bataille* en camaïeu doré, fond noir. Mars plane au-dessus des combattants, porté sur un nuage entouré de rayons d'or. Même

(1) En examinant de plus près cet émail , nous y avons découvert la date de 1544 , qui appartient à Jean I ou Jean II.

revers. — N° 186 : bouclier faisant pendant au n° 185 : *Combat de cavaliers* au bord d'une rivière ; Mars sur un nuage. Revers incolore. — N°ˢ 187 et 187 *bis :* coupe et couvercle en grisaille rehaussée d'or, fond noir, *Neptune calmant la tempête ,* d'après Raphaël. Ce dieu , le trident en main, est debout sur une conque portée par trois chevaux marins, et entouré de tritons dont les têtes sortent des eaux. Le dieu de la mer appaise les vents à figures bouffies qui, du haut du ciel , renversaient de leur souffle la flotte d'Énée. Sur l'extérieur de la coupe, quatre hommes armés de lances et de boucliers alternant avec des trophées d'armes dans des cartouches entourés de feuillages. Le pied est orné de têtes de zéphyrs, de guirlandes et de trophées ; le couvercle, de six médaillons ovales , bustes d'hommes et de femmes de profil; têtes d'enfants et de satyres; de même, dans l'intérieur, correspondant à ceux de l'extérieur en relief, réunis par des *termes* et des arabesques. Revers noir. — N° 188 : grisaille d'après Rosso , plaque cintrée et convexe, fond noir, *Ariane.* — N° 189 : autre *Junon* et son paon , faisant pendant au n° 188. Ces plaques et la coupe, suivant l'opinion de M. de Laborde, faisaient partie d'une collection de divinités de la fable dont le *Vulcain* se voit dans celle de M. Sauvageot.

Au musée de Cluny sont conservées deux plaques en camaïeu, qui , avec quatre autres du cabinet Gatteaux , formaient une suite de figures allégoriques décorant un coffret n° 1043. — Un grand bassin rond , peint en grisaille, représente *Moïse expliquant les tables de la loi aux Israélites :* à son revers, médaillon richement orné avec les têtes d'Aaron et de Moïse; initiales de Pierre Pénicaud , P. P., n° 1025.

Nous pourrions faire de longues citations sur les membres de la famille Pénicaud tirées des titres des archives : nous nous bornerons à nommer *Jean ,* notaire, contemporain des premiers émailleurs ; *Claude* ou *Claudine ,* femme de N. de La Voulte, 1616 ; *Catherine ,* femme d'Aury ; *Gérard ,* orfèvre de 1655 à 1663 ; *Jean ,* avocat, 1670 ; autre *Jean ,* notaire en 1700. Plusieurs branches de la famille Pénicaud occupent de nos jours un rang fort honorable parmi les commerçants de Limoges (1).

______

(1) M. Delage-Pénicaud a bien voulu me communiquer deux portraits de famille conservés dans sa maison du faubourg Boucherie.

L'un d'eux est sur cuivre, et paraît la copie d'une peinture sur émail, à en juger par le cadre ovale , orné aux quatre coins de quintes-feuilles ou rosaces imitant le relief de même que pour l'encadrement de l'ovale, au milieu duquel est peinte une

Après avoir consigné, dans cette notice, les impressions que nous avons rapportées de nos visites aux musées de Paris, pour faciliter à nos concitoyens les moyens de distinguer les émaux des trois *Jean Pénicaud*, nous emprunterons des notes sommaires au juge le plus compétent, M. le comte de Laborde.

« JEAN I. — L'effet général tient des vitraux peints et de la porcelaine; les bleu d'azur et turquoise, les carnations violacées, les brun jaunâtre dans les fonds et l'architecture sont dominants.

» Dans sa seconde manière, les chairs sont plus rosées, les yeux sont noirs dans des orbites très-blanches; le travail des ombres perce mieux ; le dessin est bon, le style français, malgré l'évidente imitation des gravures flamandes et allemandes.

» JEAN II. — L'ensemble de ces émaux est délicieux, quoique sa manière tienne des habitudes du miniaturiste et du peintre verrier : on y remarque la finesse de la touche unie à la vigueur du coloris; il use du paillon par grandes surfaces et de l'éclat du cuivre. Ses tons, solides et limpides, prennent une transparence vigoureuse toute caractéristique.

» JEAN III est un grand artiste, un dessinateur plein d'esprit, un coloriste rempli de ressources, et, dans quelques émaux, le talent supérieur et la gloire de Limoges. Dans les grisailles à carnations teintées (qu'il peignit le plus fréquemment), les yeux sont frappés et charmés des effets vigoureux et harmonieux qu'il

---

figure d'homme, jeune encore, au teint coloré; la tête est coiffée d'une toque de velours noir; le collet rabattu de la robe de même étoffe laisse entrevoir une sorte de jabot. La feuille de cuivre ayant été pliée en quatre, la peinture en a été fortement endommagée ; on lit autour : LEONARD. PENICAVD. AAGE. DE. 40 ANS. Jusque là tout nous représente Léonard dit *Nardou* *Pénicaud* dans son costume de consul de Limoges. Mais la date de 1417, qu'on y a ajoutée en chiffres, contrarie toutes les probabilités sur l'âge de *Nardou*. Les lettres de l'inscription sont d'un siècle plus modernes que cette date : il est à croire qu'il fallait écrire 1517 ; ce qui s'accorderait assez avec les actes cités dans notre notice : le copiste a voulu maladroitement vieillir son ouvrage. Ce portrait a 225 millimètres de haut sur 177 de large.

Un autre portrait, de 66 centimètres de hauteur sur 56 de largeur, peint sur toile, représente le capitaine de la garde bourgeoise, Pénicaud, porté au rôle de 1635, quartier Boucherie, pour 9 livres de taille ; il porte moustache et impériale, un rabat à la Louis XIII à houpes blanches, baudrier bordé à fleurs, manteau rouge, et une sorte de *hausse-col*.

P. S. — Au moment où finit l'impression de cette notice, je retrouve aux archives un acte de 1505 fort long et fort difficile à lire, qui mentionne une dame *Mingaud* veuve *Pénicaud*, peut-être la mère de *Nardou*.

sait trouver pour faire poindre ses compositions au milieu du noir ; ses blanc laiteux, ses rehauts d'or touchés sobrement et à propos, l'ensemble de ses œuvres, tout séduit les regards.

» PIERRE PÉNICAUD, — par son exagération, est un peu la caricature de *Jean III* : ses figures ont des proportions trop longues, des contours durs et des yeux charbonnés ; les plis de ses étoffes sont d'une mollesse cotonneuse et monotone, et ses grisailles sont froides. »

Limoges, le 26 novembre 1857.

MAURICE ARDANT.